LES CARNETS DE SABINE

Sabine & Griffon
Suite d'une étrange correspondance

A en perdre le nord…

écrit et illustré par
Nick Bantock

ABBEVILLE
New York – Paris – Londres

Mise en page et calligraphie de l'édition française : X-Act
Traduit de l'anglais par Marie-Ange Guillaume

Editeur original 1992 : Chronicle Books, San Francisco, CA 94103

Cet ouvrage a été achevé d'imprimer en juin 1994
Dépôt légal 4e trimestre 1994
ISBN : 2-87946-046-8
Imprimé en Chine

Pour Paul, Kate, Ruth et Holly Kasasian

HAND
UN LEURRE
CONFIDENTIAL
POUR SABINE STROHEM
SI JAMAIS ELLE ARRIVE AU
41 YEATS AVE.
LONDRES NW 3

PERSONAL

AIR MAIL
8

Griffon – Votre fuite ne me surprend pas.
Vos dernières cartes semblaient l'annoncer. Mais
Cela m'attriste de vous faire peur.

J'aime votre
maison et serai heureuse d'y vivre. J'ai
prévu de rester loin des Sicmons jusqu'à la
fin juillet. Si votre quête ne se prolonge pas
au-delà, vous pouvez espérer me trouver ici
à votre retour.

J'ai attendu tant d'années pour découvrir
qui vous étiez ! Je peux attendre
encore un peu.

Sabine

Griffon – pourquoi votre atelier
est-il si désertique ?

Griffon Moss
Gresham Hotel
O'Connell St
Dublin

J'ai utilisé de la poudre d'or et une vieille étiquette "air mail" trouvée dans la cuisine.

Passing-shot

SABINE 4 FÉVRIER

RECEVOIR DE VOS NOUVELLES M'A CALMÉ. VOTRE VOIX SEMBLE SI DOUCE, SI SEREINE...
COMMENT AI-JE PU VOUS IMAGINER SOUS LES TRAITS DE CETTE SOMBRE CRÉATURE QUI ME TERRIFIE ? VOUS M'AVEZ DONNÉ ENVIE DE RENTRER AUSSITÔT. MAIS JE SAIS PERTINEMMENT CE QUI ARRIVERAIT SI JE LE FAISAIS. TOUT IRAIT POUR LE MIEUX DANS LE MEILLEUR DES MONDES JUSQU'À LA MINUTE PRÉCISE OÙ, À LA SEULE VUE DE MA PORTE, JE ME METTRAIS À CLAQUER DES DENTS. IL VAUT DONC MIEUX QUE JE M'OBSTINE.
JE SUIS VENU À DUBLIN PARCE QUE MON GRAND-PÈRE Y EST NÉ, ET EN SOUVENIR DES MOTS QUI Y FURENT ÉCRITS. QUOI QU'IL EN SOIT, C'EST LÀ QUE MON

LES CARTES DU GRIFFON

VOYAGE COMMENCE. HIER JE ME SUIS PROMENÉ DANS LES MONTS WICKLOW ET J'AI ENTENDU UNE MUSIQUE TRISTE. TOUTE CETTE VERDURE M'A DONNÉ DES ENVIES DE MARBRE FROID - DEMAIN, JE M'ENVOLE POUR FLORENCE. JE NE SAIS PAS OÙ JE DESCENDRAI. ÉCRIVEZ-MOI POSTE RESTANTE, S'IL VOUS PLAIT.
JE VOUS AIME TANT. GRIFFON

TOUT CE QUI EST CHEZ MOI EST À VOUS

SABINE STROHEM
41 YEATS AVE.
LONDRES NW 3
ANGLETERRE

AER-PHOST
AIR MAIL

Covent Garden
PICCADILLY
STRAND
VICTORIA EMBANKMENT
QUEEN VICTORIA STREET
ST. JAMES'S PARK
Waterloo
VALID AS DATED
LEICESTER

Air

Griffon Moss
Poste Restante
Florence
Italie

Griffon – Je suis encore tout excitée de me trouver ici. Puisque vous n'êtes pas là pour me servir de guide, je marche au petit bonheur et découvre des tas de choses ahurissantes.

Je crois que je m'attendais à tout sauf à une telle quantité de gens ! J'ai voulu prendre le métro à l'heure où ils partent tous travailler. C'était incroyable, ces corps agglutinés comme des poissons pris au filet. Au premier arrêt, j'ai dû remonter à la surface pour renouer avec le ciel. Je vous ai vu peindre, la nuit dernière, une femme dans le brouillard. Je me suis sentie plus proche de vous.

Sabine

A qui appartient le chat gris ? Faut-il lui donner à manger ?

SABINE 11 FÉVRIER

VOUS TROUVEZ LONDRES SURPEUPLÉE, FLORENCE N'A RIEN À LUI ENVIER SURTOUT AVEC SES HORDES DE TOURISTES QUI ÉCUMENT LES MUSÉES DE LA VILLE. ILS ONT DÉCIDÉ D'EN AVOIR POUR LEUR ARGENT ! PEU IMPORTE, TOUT LE RESTE EST UNE CONSOLATION.

L'ARCHITECTURE, LA SCULPTURE, LE PAYS MÊME - CETTE SPLENDEUR M'A GUÉRI. JE LE SUPPOSE - SINON, D'OÙ ME VIENDRAIT UN TEL BONHEUR ? CE VOYAGE PREND DES ALLURES DE PÈLERINAGE : GRIFFON MOSS SE PROSTERNE DEVANT L'AUTEL DE SES MAÎTRES.

JE VAIS RESTER ENCORE QUELQUES JOURS, LE TEMPS DE VOIR LES ÉGLISES. CETTE NUIT J'AI FAIT UN RÊVE ÉTRANGE ET VOLUPTUEUX. J'ÉTAIS AU PALAIS MÉDICIS, EN TRAIN DE BAVARDER AVEC LORENZO - OUI, LE MAGNIFIQUE EN PERSONNE - QUAND VOUS ÊTES SORTIE D'UN MUR DE FUMÉE POUR VENIR M'ENLACER.

VOUS ME MANQUEZ.

GRIFFON

SABINE STROHEM
41 YEATS AVE.
LONDRES NW 3
ANGLETERRE

PAGE TIRÉE DU CARNET DISPARU DE LÉONARD DE VINCI

N'AYANT PLUS DE CARTES IMPRIMÉES, JE FABRIQUE DES HORS-SÉRIE, COMME VOUS.

KATIE·7

Griffon – Vous m'avez donné une idée –
au lieu de marcher au hasard, j'ai
décidé de faire le tour des églises
Londoniennes. Saint. Paul et les autres
m'ont paru grandioses mais sans âme. Après,
j'en ai déniché une vraiment différente,
dans un lieu obscur, macabre. Alors que
je la contemplais, je sentais ses racines croître
et multiplier sous la ville comme un reflet jumeau,
noir et occulte du métro. Assez joué les touristes! Il
est temps que je me mette au travail. L'Italie vous
va bien, mon amour, mais soyez prudent. L'œil du
cyclone est un endroit trompeur – Sabine

Griffon Moss
Poste Restante
Florence
Italia

Le timbre du recto est une épreuve d'imprimeur. Le
dernier que j'aie dessiné avant de partir de Katie – les chameaux me font
rire.

GREE
ΕΛΛΑΣ HELLAS ΔΡ. 2.50

SABINE 26 FÉVRIER

VOUS AVIEZ RAISON - ENCORE UNE FOIS. EN QUITTANT L'ITALIE, J'AI PERDU MA BELLE ASSURANCE. LA GRÈCE EST PLUTÔT AGRÉABLE MAIS J'Y SUIS TOTALEMENT ÉTRANGER. JE ME VOYAIS DÉJÀ, GLORIEUSEMENT PLANTÉ DANS UN DÉCOR PARFAIT D'ÎLE BLANCHE ET BLEUE. TU PARLES ! AU LIEU DE ÇA, LES NUAGES NOIRS S'AMONCELLENT ET LA PEUR ME REPREND. VOTRE CARTE NE M'A PAS AIDÉ NON PLUS. LA SOMBRE ÉGLISE A ÉVEILLÉ EN MOI TOUTES SORTES DE GLAS SINISTRES.
J'AI BESOIN DE VOTRE MAIN DANS LA MIENNE. JE M'ENGOURDIS. EST-CE MA DERNIÈRE NUIT AVANT LE NO MAN'S LAND ?

AIR

JE VOUS AIME - GRIFFON

ECRIVEZ-MOI
POSTE RESTANTE ALEXANDRIE

ΚΑΤΕΠΕΙΓΟΝ
EXPRÈS

SABINE STROHEM
41 YEATS AVE.
LONDRES NW 3
ANGLETERRE

UN AUTRE MYTHE

calcaire cristallin

Griffon — Vos préparatifs de départ pour le "no man's land" ont des résonances suicidaires. Pourquoi ne pas considérer votre prochaine étape comme une simple transition? Pensez à des choses rassurantes. Rappelez-vous, c'est moi qui tiens le fil, et je ne vous laisserai pas sombrer dans l'oubli.

Je campe au British Museum. J'y dessine toute la journée et je rentre le soir peindre dans votre atelier. Au musée je suis comme chez moi. La poussière qui danse dans les rais de lumière me rappelle le bureau de mon père.

Tenez bon. Sabine

Vous ne m'avez toujours pas dit pourquoi votre atelier est vide.

— L'ours sumérien du recto est censé symboliser l'agressivité. Moi je lui trouve l'air mélancolique.

By air mail
Par avion

Griffon Moss
Poste Restante
Alexandrie
Egypte

UAR
M
500
SABINE STROHEM
41 YEATS AVE.
LONDRES NW 3
ANGLETERRE
AIR

GRIFFON MOSS
c/o POSTE RESTAN
EXANDRI

Ankh
orce
érennité
ce

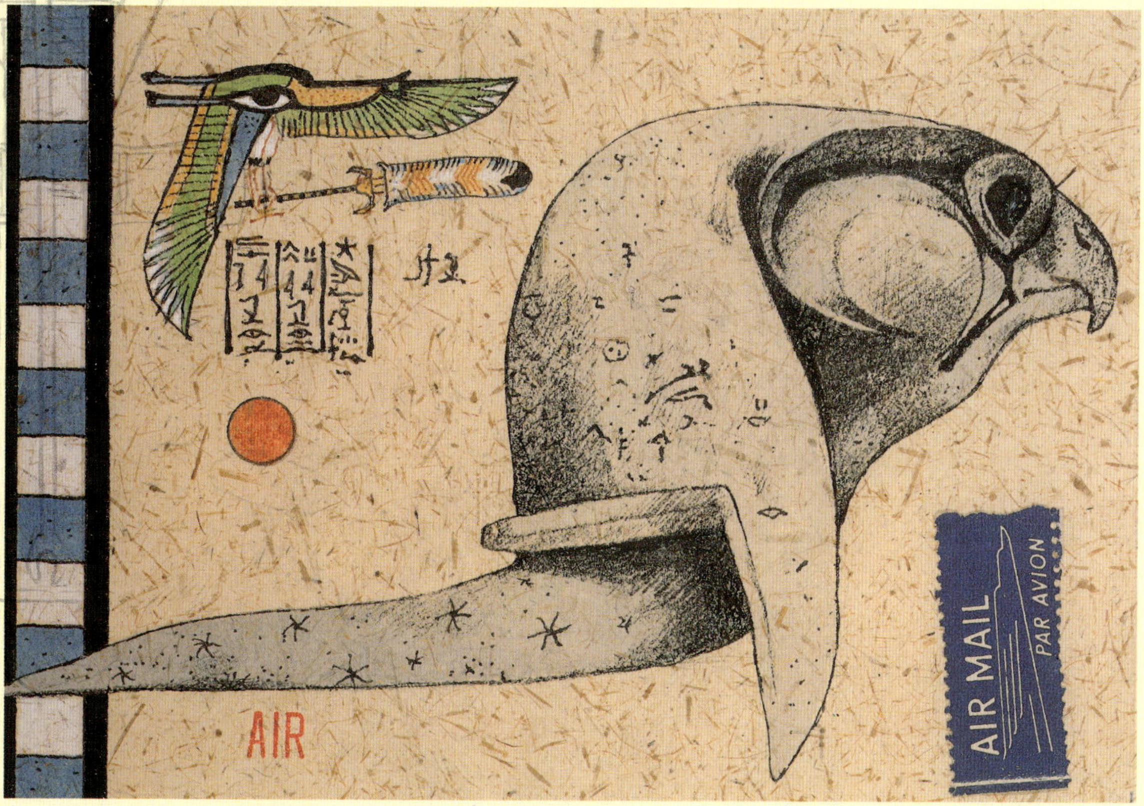

1325 av. J.C.
env.
esquisse pour une
paire de timbres.

Griffon – Vous devez être béni. Dans la mythologie Sicmon, des guerriers errants se mettent au service de valeureux voyageurs. On dit qu'ils empêchent la mort de devenir vorace.

Le personnage de votre peinture a l'air vraiment redoutable – avec lui je vous crois capable de braver la plupart des dangers. Je suis allée dessiner dans le département égyptien du musée. Ce silence sépulcral me colle une sainte frousse – tout ce raffinement sublime. A côté les néons de la ville ressemblent à des jouets d'enfant.

Courage Sabine

Mintalousche est passé à la maison aujourd'hui – Vous voyez, moi aussi on me fait honneur.

Griffon Moss
Poste Restante
Alexandrie
Egypte

日本郵便
NIPPON
50

L'APPRENTISSAGE DU NÔ

SABINE 5 AVRIL

APRÈS M'ÊTRE CRAMPONNÉ À LA LOGIQUE COMME À UNE BOUÉE, JE NAVIGUE SUBITEMENT À L'INTUITION. POUR UN REFLET DE SAMOURAÏ DANS LE VERRE D'UN TABLEAU, JE PARS AU JAPON - OÙ EST LE BON SENS LÀ-DEDANS ?

J'OBÉIS SIMPLEMENT À DES VOIX ÉPHÉMÈRES. JE SUIS LE BARBARE QUI ARPENTE LES TEMPLES DE KYOTO, EN QUÊTE D'UNE SAGESSE RÉVOLUE. JE ME REPAIS DE BEAUTÉ, ESPÉRANT EN SORTIR PURIFIÉ.

VOILÀ LE BILAN DE MES PLEURNICHERIES NARCISSIQUES ! JE NE SUIS QU'UN ENFANT COMPLAISANT - JE NE GRANDIRAI DONC JAMAIS ? MA QUESTION EST SINCÈRE. SI VOUS AVEZ LA RÉPONSE, DÎTES-LE MOI.

SI SEULEMENT JE POUVAIS DESSINER CE QUE J'ÉPROUVE POUR VOUS...

JE VOUS AIME, GRIFFON

c/o POSTE RESTANTE KYOTO

PAR AVION
航空

SABINE STROHEM
41 YEATS AVE
LONDRES NW 3
ANGLETERRE

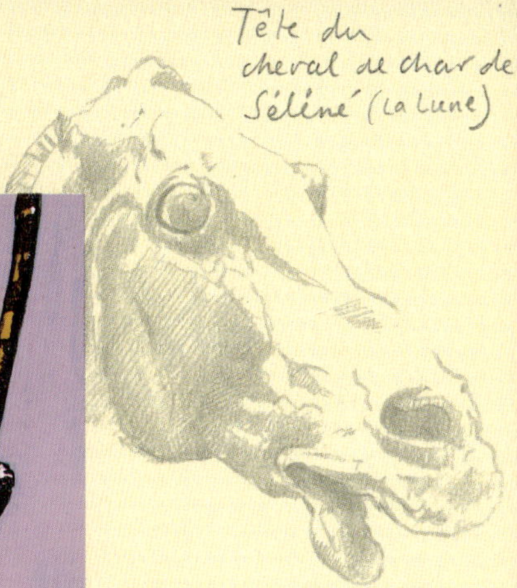
Tête du
cheval de char de
Séléné (La Lune)

Nambokucho

Griffon

Pour ce qui est de grandir, il me semble que vous êtes sur la bonne voie maintenant. C'est aussi pour cela que je vous attends. Je ne crois pas qu'il s'agisse de complaisance. Vous devez en passer par là, c'est tout.

En face de la Rotonde j'ai découvert un glacier où l'on sert un excellent café. Pour en boire une tasse, il suffit de prendre le bus 19 jusqu'à Chalk Farm – cette idée me turlupine constamment. Frustration sexuelle ? (mon père m'a fait lire Freud). Si vous étiez là je n'en aurais peut-être pas envie. Décidément allons-y ensemble.

Sabine

Griffon Moss
Poste Restante
Kyoto
Japon

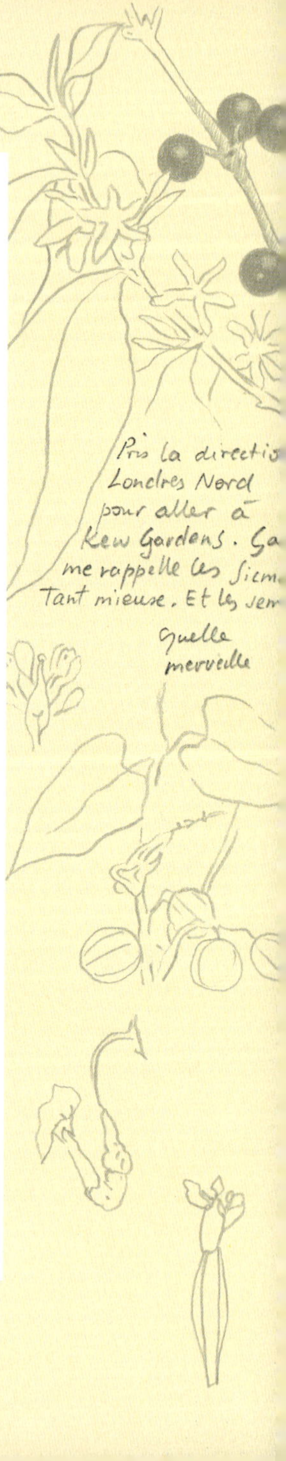

Australia
40c
Grass Tree

SABINE 2 MAI

JE RÊVAIS D'UN LIEU ANTÉDILUVIEN. DONC, SUIVANT LES MÉANDRES DE MA ROUTE TORTUEUSE, J'AI ATTERRI ICI, CHEZ LES ABORIGÈNES. CES GENS-LÀ SONT FASCINANTS. C'EST À COUP DE CHANSONS ET DE CONTES QU'ILS MÈNENT LEUR BARQUE. UN ANCIEN, QUI S'ÉTAIT MONTRÉ AMICAL, M'A EMMENÉ VOIR SA MÈRE. ELLE M'A SERRÉ LA MAIN, M'A FIXÉ LONGUEMENT ET M'A DIT QUE MON DOS ÉTAIT "OUVERT". TRAÎNANT LA JAMBE JUSQU'À SA HUTTE, ELLE EST RESSORTIE AVEC UNE PLUME ET M'EN A CARESSÉ LE DOS. APRÈS, J'AI LUI PROPOSÉ DE L'ARGENT, MAIS ELLE A CRACHOTÉ UNE ESPÈCE DE BREDOUILLIS ET JE LUI AI FINALEMENT OFFERT UNE PEINTURE QUE J'AVAIS FAITE D'UN ARBRE TORDU. CE QUI M'A VALU UN IMMENSE SOURIRE ET LES FÉLICITATIONS EMPRESSÉES DE L'ASSISTANCE... JE VOUS AIME. GRIFFON

EST-CE QUE VOUS ME VOYEZ TOUJOURS ?

PASSERAI PAR BRISBANE - ÉCRIVEZ-MOI LÀ-BAS.

ALLÉES ET VENUES DE LA LUNE

SABINE STROHEM
41 YEATS AVE
LONDRES NW 3
ANGLETERRE

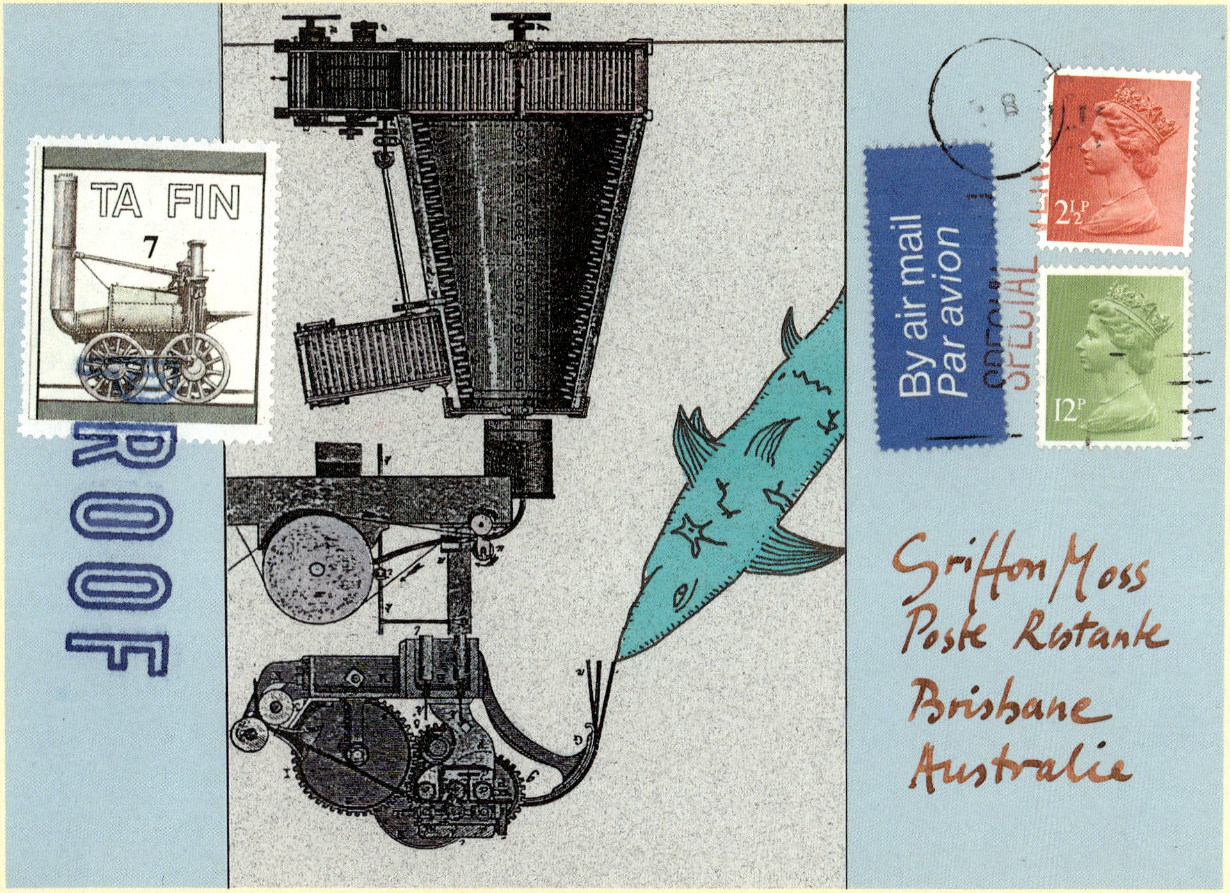
TA FIN
7
ROOF
By air mail
Par avion
SPECIAL
12P
Griffon Moss
Poste Restante
Brisbane
Australie

Goya

Symboles de Griffon
trouvés dans un bestiaire
alchimique
PROOF
TA FIN
7 7
Décidément ce
dessin est un peu
complaisant

LE ROI SOLEIL AU 200

SABINE 29 MAI

VOUS ME FAITES HONTE, À CROIRE EN MOI BIEN PLUS QUE JE N'Y CROIS MOI-MÊME. LA FRANCHISE DE VOTRE AMOUR ME BOULEVERSE.

ÉVIDEMMENT, JE VOUS AIME. QUANT À M'AIMER MOI-MÊME – J'Y ARRIVE PEUT-ÊTRE QUAND J'OUBLIE DE M'APITOYER SUR MON SORT. UNE PART DE MOI ASPIRE DÉSESPÉRÉMENT À VOUS REJOINDRE MAINTENANT. MAIS IL ME FAUT ACHEVER CE QUE J'AI COMMENCÉ. SI JE DOIS UN JOUR VAINCRE MA PEUR ET COMPRENDRE CE QUI NOUS LIE, C'EST AUX ÎLES SICMON QUE S'ACCOMPLIT MON VOYAGE.

J'AI EU UNE RÉVÉLATION – DANS UN RÊVE ÉVEILLÉ, J'AI ENTREVU UN MASQUE PEINT. JE SUIS SÛR QUE C'ÉTAIT VOUS.

AIR MAIL
PAR AVION

SABINE STROHEM
41, YEATS AVE.
LONDRES NW3
ANGLETERRE

29
21

ÉCRIVEZ-MOI c/o HÔTEL MENDANA HONIARA

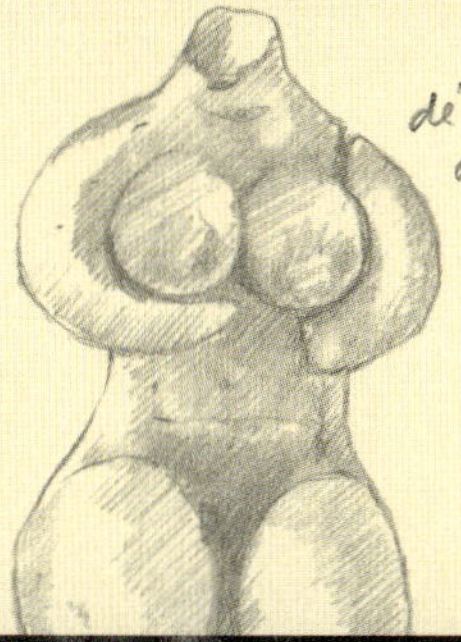

déesse de la fertilité avec Pan

eant
hien de
ne et
herbe.

Celtes
12e s.

vertes collines ondulées –
enceintes, assoupies
je sais maintenant ce sont
les pierres de la ville qui vous ont fait du mal

Griffon — détail d'un bracelet du 4e s. av. J.C.

Griffon — Je pensais rester en ville dans l'attente de votre éventuel retour, qui me paraît maintenant improbable. Je suis donc partie à la campagne dans le Dorset.
J'ai failli commettre l'erreur de prendre Londres pour l'Angleterre. Ce sont deux contrées bien différentes!
Je suis assise au sommet du petit mont de terre ondulée connu sous le nom de Château de la Vierge. C'est une colline dressée par l'homme qui ronronne doucement comme une antique créature endormie. Je me sens régénérée — j'étais prisonnière et j'ignorais à quel point. Vous entrez dans une aire dangereuse. Entre autres choses, prenez garde aux brusques changements climatiques, et ne sous-estimez jamais l'océan.

Sabine

Griffon Moss
Hotel Mendana
Honiara
Guadalcanal

Lui rappeler les dangers de la mer

AIR MAIL
CHECKED
SABINE STROHEM
41 YEATS AVE.
LONDRES NW 3
ANGLETERRE
Dendrobium cuthbertsonii
35 CENTS
BRITISH SOLOMON ISLANDS

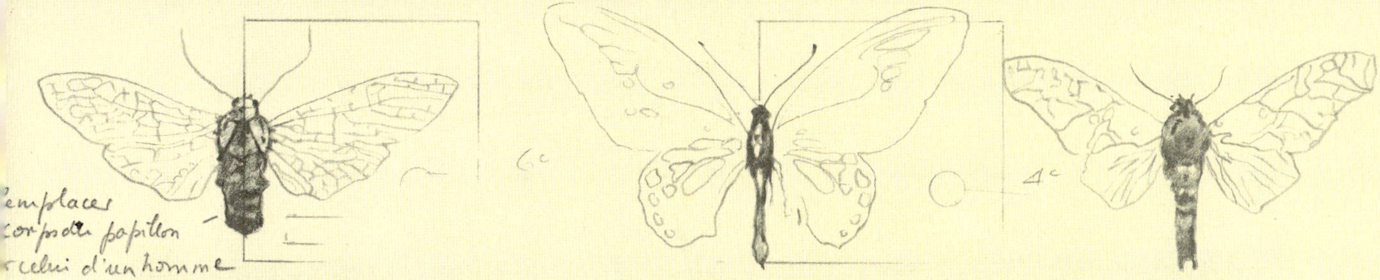

Il était une fois
un loup
solitaire, plus seul
encore que les anges.

Griffon —

Vous avez survécu.

Rentrerez-vous quand vous aurez repris des forces ?

Vous verrai-je enfin ?

Je passe du calme à la tempête, de l'impatience à la sérénité.

Je dessine au cimetière de Highgate, en communion avec mes soeurs. Là-bas, j'arrive à travailler sans qu'une foule de casse-pieds vienne regarder par-dessus mon épaule. Le musée devenait invivable.

Je devrais me concentrer sur une série d'anges de pierre pour les timbres de Noël des Sicmons. En réalité je vous attends.

Je vous aime

Sabine

Griffon Moss
Hopital n° 9
Honiara Guadalcanal
Iles Salomon

BY AIR
PAR

Vous ne pouvez pas savoir je crois !

LA SECONDE VENUE

SABINE 20 JUILLET

MES IDÉES SE SONT ÉCLAIRCIES. JE SAIS AVEC CERTITUDE QUI VOUS ÊTES, CE QUE NOUS SOMMES, ET CE QUE NOUS SERONS L'UN POUR L'AUTRE. JE SERAI LÀ LE 23. PROBABLEMENT LE MÊME JOUR QUE CETTE CARTE.

GRIFFON

PAR AVION

SABINE STROHEM
41 YEATS AVE.
LONDRES NW 3
ANGLETERRE

Griffon Moss revint le 23 juillet, comme promis.

Sa maison était vide. Elle ne gardait aucune trace d'un quelconque passage.

Mais

A peine le temps
de le dire,
et...

4c
KATIN
R
CH3

Griffon

J'ai reçu votre carte de Paris.

J'ai attendu mais vous n'êtes pas revenu le 23.

J'ai attendu jusqu'au 31 et vous n'êtes pas revenu.

Que s'est-il passé?

Où êtes-vous?

Ecrivez-moi Griffon.

Sabine

Special

Griffon Moss
41 Yeats Ave.
Londres NW3
Angleterre